AF440263

DE
L'OPPOSITION
en 1830.

PAR ALPH. FRESSE-MONTVAL.

> Maintenir la charte constitutionnelle et les institutions qu'elle a fondées, a été et sera toujours le but de mes efforts.
>
> Mais pour atteindre ce but, je dois exercer librement et faire respecter les droits sacrés qui sont l'apanage de ma couronne.
>
> C'est en eux qu'est la garantie du repos public et de vos libertés. La nature du gouvernement serait altérée, si de coupables atteintes affaiblissaient mes prérogatives, et je trahirais mes sermens si je le souffrais.
>
> (*Charles X aux Français.*)

PRIX 1 FR.

A PARIS,

CHEZ MADAME DOUILLIEZ, LIBRAIRE,

RUE CULTURE SAINTE-CATHERINE, N° 22;

DENTU, AU PALAIS-ROYAL,

ET AU BUREAU DU CONSERVATEUR,

RUE DU DAUPHIN, N° 1.

1830.

DE L'OPPOSITION

EN 1830.

A ne s'arrêter qu'aux protestations dont l'opposition antiministérielle accompagne depuis dix mois ses manifestes quotidiens contre les conseillers du trône, elle ne se propose que de consolider la monarchie par l'affermissement des libertés constitutionnelles. Certes, rien n'est plus louable qu'un tel projet; il est digne assurément d'enflammer le zèle de tout fidèle serviteur du monarque, et il ne pourrait y avoir selon nous ni trop de récompenses à la disposition de l'autorité, ni trop de reconnaissance dans tous les cœurs, pour les courageux citoyens dont le dévouement se serait assigné ce but, et réussirait à y parvenir. Mais plus ces sortes de desseins ont de grandeur et de gloire, plus il faut se défier de leur réalité : il n'est point nouveau d'emprunter pour de coupables motifs l'officieux déguisement d'un prétexte honorable ; et, depuis les fureurs de la Jacquerie jusqu'aux forfaits de la terreur, pas un seul attentat politique qui n'ait prétendu se légitimer en alléguant le bien public ou l'honneur de la nation. Toutefois, loin de nous la pensée que les mêmes allégations servent nécessairement de voile aux mêmes vues : pour être légitime, une pareille assertion demande à se baser sur l'examen impartial des moyens que l'opposition entend mettre en usage pour arriver à ses fins. C'est donc de cet examen que nous allons nous occuper.

Employer la chambre élective à renverser le cabinet actuel pour en distribuer les portefeuilles à des ministres investis de la confiance parlementaire, voilà l'œuvre que l'opposition juge indispensable d'exécuter avant d'en venir à l'accomplissement des projets qu'elle dit avoir conçus pour le bonheur de la France. Nous ne ferons pas difficulté d'en convenir, nulle œuvre n'est plus que celle-là dans l'intérêt du parti libéral, et nous concevons à merveille que sans un ministère de son choix, ce parti doit demeurer frappé d'une stérilité éternelle. Aussi trouvons-nous raisonnable qu'il apporte tous ses soins à provoquer l'avènement d'un pareil cabinet, s'il lui est loisible de le faire sans renverser la constitution de l'État.

Parmi toutes ses qualités, un gouvernement tel que le nôtre, en a deux qui, sans contredit, occupent le premier rang, et qu'il ne saurait perdre sans périr : c'est que ce gouvernement soit tout à la fois monarchique et représentatif. Lui conserver ces deux qualités en les maintenant dans un continuel et parfait équilibre, telle est la loi que doit observer religieusement tout publiciste que l'empire des circonstances, ou la puissance de sa vocation appelle à s'occuper des affaires politiques de son pays ; or, en installant au timon de l'État le ministère qu'elle y désire, l'opposition ne détruirait-elle pas tout ce qui se trouve de monarchique dans la constitution de la France? Pour résoudre cette question, il faut d'abord constater comment la qualification de *monarchie* convient à notre gouvernement.

Un écrivain qu'on n'a jamais accusé d'une partialité excessive en faveur de la royauté (1), nous apprend que c'est une condition essentielle à la nature de l'État monarchique, que *le prince soit la source de tout pouvoir politique et civil.* Ce qui était vrai de son temps, l'est encore dans le nôtre ; et ce que permettait d'affirmer la constitution de la France au XVIIIe siècle, la constitution de la France au XIXe permet encore de l'affirmer ; il suffit pour cela que le souverain n'ait pas subi, mais

_____

(1) Montesquieu, *Esprit des lois,* liv. II., chap. IV.

qu'il ait donné la loi fondamentale qui nous régit; et que, pour l'avenir, il n'ait point assigné aux différens pouvoirs une autre origine que lui-même.

Si la charte avait été imposée à Louis XVIII, ce n'aurait été que par les puissances étrangères ou par les Français. Mais les puissances étrangères ont-elles voulu seulement s'en occuper? Contentes de recouvrer par la victoire ce que la victoire leur avait ravi, attentives à s'indemniser de leurs anciens désastres, elles n'avaient ni le désir ni le temps d'intervenir dans nos affaires intérieures. L'indigence à laquelle leurs souverains pensaient nous avoir condamnés pour long-temps, leur répondait de notre inaction : que leur fallait-il de plus? Encore toutes meurtries des larges et profondes blessures que nous leur avions infligées, ces puissances ne devaient-elles pas se figurer avoir rempli leur tâche la plus importante et la seule capable de les arrêter dans notre patrie, en nous contraignant de nous soumettre à un repos dont nous les avions habituées à nous croire les plus irréconciliables ennemis? Je dis plus : lors même qu'elles eussent voulu se distraire du soin, bien autrement intéressant pour elles, de dépouiller nos arsenaux, de lever sur nous des tributs, et qu'elles se fussent décidées à nous forger une constitution, n'auraient-elles pas été arrêtées par la crainte de faciliter à un peuple à peine réconcilié avec elles, les moyens de réparer ses revers et de leur faire expier leurs triomphes? Quelque haute opinion qu'elles eussent de la modération du monarque qu'elles voyaient s'asseoir sur le trône, devaient-elles compter assez sur la nôtre, pour ne point redouter de donner à notre tranquillité domestique un gage qui aurait pu ne nous servir qu'à troubler plus promptement la leur? Il est donc évident que les souverains alliés n'ont point voulu s'immiscer dans l'œuvre de la restauration, et que, quand la pensée leur en serait venue, leur intérêt les aurait mis infailliblement dans l'obligation d'y renoncer.

Si le roi de France, en promulguant la charte, n'a
point cédé à l'influence des nations étrangères, n'a-t-il
pas été contraint à cette démarche par la nécessité de
satisfaire un peuple dont l'obéissance n'aurait été
qu'à ce prix? Mais il faudrait alors supposer que ce
peuple avait et le moyen d'imposer des conditions,
et des organes pour les proposer; des chefs, des
troupes, de l'argent : tels furent à toutes les épo-
ques et dans toutes les sociétés les seuls moyens qu'ont
eus les hommes pour faire prévaloir leurs désirs; or,
dans le temps dont il s'agit, la France avait-elle à compter
sur d'autres chefs que les Bourbons? De tous ceux que
lui avaient donnés les vicissitudes politiques par où elle
avait passé, un seul avait obtenu sa soumission, si non
avec justice, du moins avec quelque apparence de stabilité, et ce chef ne pouvait plus lui être d'aucun secours.
Privé de ses forces par l'abus qu'il en avait fait, aban-
donné de la victoire qu'il avait lassée inutilement, dé-
pouillé de toute faveur populaire, plus coupable envers
les Bourbons qu'à l'égard de qui que ce fût au monde,
moins qu'à tout autre il lui eût été permis d'élever entre
eux et les Français une épée, ou une voix médiatrice;
précipité du trône où l'usurpation l'avait placé, en vain
aurait-il tenté de s'y donner un successeur : comment,
en effet, eût-il disposé d'un bien qu'il ne possédait plus?
et, s'il eût voulu nommer un négociateur pour s'inter-
poser entre la France et la famille de nos rois, aurait-il
été possible de reconnaître au mandataire un droit que
le mandant avait perdu? Non certes, et l'incapacité du
second entraînait nécessairement l'illégalité du premier.
Mais peut-être des troupes nombreuses et aguerries ont-
elles, à défaut d'un chef, offert à la France la médiation
de leurs glaives, peut-être nous ont-elles obtenu la con-
cession de nos libertés? Décimées par leurs anciens
triomphes non moins que par leurs calamités récentes,
nos légions n'étaient plus que les débris de ces formi-
dables armées qui avaient, tout à la fois et sur tous les

points, tenu tête à toute l'Europe ; encore supérieure par leur courage à quelque adversaire que ce fût, elle ne pouvaient plus l'être par le nombre ; et, s'il leur était facile de se montrer toujours invincibles sur un champ de bataille, en vain auraient-elles conçu l'espoir de n'y pas être écrasées. Sans doute il plaidait éloquemment en leur faveur, l'impérissable respect qu'inspiraient même à leurs ennemis, ces vivantes ruines du plus bel édifice militaire que jusqu'alors eût élevé la main d'un penple conquérant. Mais ce respect leur donnait-il ou le pouvoir ou le droit de négocier au nom et sans l'aveu de leurs concitoyens, une transaction politique d'une si haute portée ? Voilà ce qu'assurément il serait impossible de soutenir sans le plus complet aveuglement. Privée de la direction d'un chef, et destituée de l'appui d'une nombreuse armée, la France eût donc été incapable d'exiger la reconnaissance ou le don des libertées publiques, lors même que ses finances se fussent trouvées dans l'état le plus florissant. Mais, par un malheur inséparable des revers qui nous avaient accablés, nos caisses étaient épuisées ; dispersés dans les steppes de la Russie, roulant dans les fleuves de l'Allemagne, nos trésors ne pouvaient plus subvenir à nos besoins; et, comme pour nous punir du pernicieux usage que nous avions fait des richesses, le ciel nous avait enlevé celles qui, depuis trente années, étaient les élémens et le fruit de nos conquêtes. Ainsi la France ne possédait ni dans l'état de ses finances, ni dans ses forces militaires, ni dans le seul chef que lui eût légué la révolution, les moyens d'exiger de Louis XVIII une charte constitutionnelle. Reste à savoir maintenant si elle avait des organes pour la proposer.

Ces organes, elle ne pouvait les trouver que dans les deux corps qui seuls avaient survécu à nos discordes politiques. En effet, hors le sénat et le corps législatif, il n'existait alors aucune assemblée qui pût, aussi légalement que ces deux-là, se rendre l'interprète de la nation. Hé bien, ni l'une ni l'autre n'en avaient le droit. Pour exécuter leurs volontés, les despotes de l'Orient ont des muets; Buonaparte s'en était donné pour approuver les siennes; telle fut l'origine du sénat soi-disant conservateur. Or, un corps politique qui ne doit son existence qu'aux caprices d'un usurpateur, et qui ne l'a jamais employée qu'à sanctionner ces caprices, serait-il admis à soutenir les intérêts de la nation ? Y serait-il admis surtout si, dans le cours d'une longue carrière, il n'avait jamais eu avec la nation aucune sorte de sympathie. Qu'on n'allègue point qu'en proclamant la déchéance de Buonaparte, le sénat avait du moins rompu tous les nœuds qui l'enchaînaient à cet usurpateur. Cette déchéance était un fait dont personne ne doutait plus en France, avant que le sénat eût eu la pensée d'en délibérer et la seule vérité que prouvât sa proclamation, c'était qu'il recouvrait enfin la parole par l'anéantissement du pouvoir qui la lui avait ravie. Plus courageux que cette assemblée, le corps législatif n'avait pas attendu la chute du trône impérial pour élever la voix contre celui qui l'occupait; par d'énergiques représentations, il s'était rendu digne d'être l'organe de la patrie; mais ni le but de son institution, qui n'était autre que la confection des lois, ni le mode de formation qui lui était assigné, ne souffraient qu'il s'arrogeât un rôle dans des transactions que son incapacité aurait annulées de plein droit. On le voit donc, la France n'avait pas plus d'organe pour proposer les conditions d'où elle aurait fait dépendre son obéissance, qu'elle ne possédait les moyens d'imposer ces conditions; et la charte, n'étant l'œuvre ni des Français ni des puissances étrangères, est donc nécessairement celle du souverain.

Toutefois, si l'auguste auteur de nos institutions politiques avait, dans le pacte fondamental, assigné aux différens pouvoirs une autre source que lui-même, il importerait fort peu que ces institutions n'émanassent que de lui; la France ne serait plus une monarchie à la façon du XVIIIe siècle, et rien n'empêcherait que l'op-position n'allât chercher un ministère en dehors de la volonté du souverain. Un coup d'œil sur la charte suffira pour décider cette question.

En France, comme dans toutes les monarchies, l'autorité royale se forme par la réunion de trois grandes puissances, l'exécutive, la législative, la judiciaire. Le roi s'est réservé la première; il déclare que la troisième n'émane que de lui, et il la délègue aux tribunaux; enfin il appelle la chambre des pairs et celle des députés à exercer collectivement avec lui la seconde. Mais quand il dit qu'il se réserve la puissance exécutive, veut-il faire entendre qu'il l'exercera par lui-même? nullement : quels que soient le génie et l'activité d'un souverain, ni cette activité ni ce génie ne suffiraient à un tel exercice, surtout dans un gouvernement aussi compliqué que la monarchie constitutionnelle. D'ailleurs à quoi bon la responsabilité ministérielle, si le prince était supposé *exercer* en personne cette puissance? et n'y aurait-il pas de l'absurdité à soutenir que les ministres peuvent être mis en accusation, après qu'on aura déclaré que c'est le monarque seul qui agit? Il faut donc, de toute nécessité, convenir que si, dans son article 13, la charte a réuni ces deux propositions : *Les ministres sont responsables ; au roi seul appartient la puissance exécutive;* la charte a entendu que cette puissance fût déléguée aux ministres pour qu'ils en fissent usage au nom du roi, et que le roi ne cesserait point pour cela de la posséder. Il en est de même de la puissance judiciaire : elle *émane du roi*, nous dit l'article 57. Qu'est-ce à dire? que le roi l'administre? nullement; mais qu'elle appartient au au roi de qui elle *émane*, et qu'elle s'administre en son nom. Voilà donc, sur ces deux points, la propriété royale, si l'on peut parler ainsi, bien évidemment constatée : le roi délègue, mais il n'aliène pas les deux puissances, *l'exécutive* et *la judiciaire*. En serait-il autrement de la *législative?* non certes ; et pour le prouver, les raisons se présentent en foule.

En effet, comment la puissance législative a-t-telle été concédée aux deux chambres? comment ces deux chambres doivent-elles l'exercer?

1° La puissance législative n'a été concédée aux deux chambres que partiellement : si elles peuvent supplier le monarque de leur faire proposer un projet de loi, cette prière doit résulter du concours de l'une et de l'autre; au souverain seul appartient l'initiative absolue; lui seul peut condamner sans appel les lois dont les amendemens seraient contraires à sa volonté, tandis que rien n'empêche qu'une loi, rejetée dans une session par la chambre élective, ne soit, dans la session suivante, votée unanimement par cette chambre renouvelée. Enfin, par le droit d'augmenter l'une des deux assemblées parlementaires et par celui de dissoudre l'autre, le monarque a toujours une chance ouverte au succès de ses projets de lois; mais les chambres n'ont aucun recours contre le rejet dont seraient frappés par le monarque leurs amendemens ou leurs propositions.

2° Les deux assemblées parlementaires ne doivent exercer la puissance législative que collectivement avec le roi : tout l'usage qu'elles en feraient sans le concours du monarque est atteint d'illégalité; et ce concours, il résulte non seulement de l'article 15 de la charte, mais encore de l'ordonnance de convocation, de la formation des deux assemblées, du mode de leurs discussions et des matières qu'elles discutent.

Par l'ordonnance de convocation, les pairs et les députés sont avertis solennellement que s'il leur est donné d'exercer l'une des plus hautes et des plus importantes prérogatives, ils n'en sont redevables qu'à la seule autorité royale, qui a octroyé la charte aux Français et qui leur en maintient les avantages; que par conséquent ils ne doivent user de ces prérogatives que dans l'intérêt de la royauté, toujours inséparable de celui de la nation.

Telle est la seule conclusion que l'on puissse tirer de la manière dont les deux chambres sont convoquées, à moins toutefois qu'on n'aime mieux supposer que le bienfait doit se tourner contre le bienfaiteur, le punir de sa générosité, et sanctionner, à l'usage des sujets contre les souverains, un code d'ingratitude politique dont l'infaillible conséquence serait l'anarchie ou le despotisme : l'anarchie, en facilitant aux peuples, en légitimant même à leurs yeux tout ce qu'une licence anti-sociale a jamais imaginé d'attentats pour anéantir tout pouvoir; le despotisme, en contraignant le monarque, sous peine d'une imminente ruine, à appesantir son sceptre au-lieu d'en alléger le fardeau, à n'admettre ni tempéramens ni concessions, à ne donner de borne aux exigences de son autorité, que l'évidente impossibilité de les satisfaire. Grâce au ciel! nous vivons sous des princes qui jamais ne nous apprirent à humilier nos fronts sous une si pesante tyrannie; de tous côtés s'offrent à nos yeux les témoignages de leur bonté, nulle part ceux de leur rigueur; mais plus est grande cette bonté, plus les preuves que nous en avons reçues sont irréfragables, plus aussi devons-nous remplir avec loyauté les obligations qu'elle nous imposa, n'user de ses largesses qu'en nous acquittant des conditions qu'elle voulut y assigner, et faire, des prérogatives qu'elle nous délégua volontairement, l'emploi pour lequel elle nous les a octroyées.

La formation des deux chambres leur impose aussi, à l'égard de la royauté, l'accord le plus constant ainsi que le plus inaltérable. L'une de ces deux chambres est fille de la royauté elle-même; et, dans ses souvenirs historiques, dans ses habitudes, dans ses intérêts les plus intimes et les plus chers, elle a de si puissantes raisons de demeurer inviolablement attachée au trône, qu'on n'aura jamais à craindre de le lui voir ébranler. D'éclatans et trop funestes exemples lui ont appris que son existence est inséparable de celle de la monarchie; et, supposé, ce qu'à Dieu ne plaise, qu'elle pût oublier un instant les leçons d'une sévère expérience, le secret de ses délibérations, qui lui interdit toute influence au dehors, ne lui permettrait de trouver d'appui que dans la puissance royale et l'obligerait de s'y rallier. C'est ainsi qu'en instituant la chambre héréditaire et en réglant le mode d'après lequel elle serait formée, la prudence du législateur lui a imposé l'union à l'autorité monarchique, comme une de ces conditions vitales que nul être ne saurait violer sans périr.

Le même législateur a encore prescrit une pareille union à la chambre élective par le mode de formation qu'il lui a assigné. En effet, si cette chambre n'est pas, aussi directement que celle des pairs, l'œuvre du monarque lui-même, il faut cependant, pour qu'elle soit légale, que le monarque y ait coopéré, au moins d'une manière indirecte. Sa voix, il est vrai, ne se fait pas entendre pour désigner nominativement les députés, comme elle proclame les membres de la chambre héréditaire. Mais les préfets, qui, dans les départemens, sont les délégués immédiats du monarque, reçoivent de lui l'ordre de former ou de réviser les listes électorales, et que signifie cet ordre, si ce n'est que le monarque lui-même préside par les préfets à la confection ou à la révision de ces listes, de même que, par ses ministres, il exerce la puissance exécutive, et qu'il rend la justice par les tribunaux? A peine rassemblés en collége, les électeurs sont soumis à la présidence d'un mandataire immédiat du souverain. Que veut dire cette présidence? Que c'est au nom du souverain que les électeurs sont réunis. Que déclarent-ils par le serment qu'ils prononcent? qu'ils seront fidèles à ce souverain. Et de ces deux faits, qu'y a t-il à conclure? Que les citoyens sur qui le collége va faire tomber ses suffrages, ne seront pas moins les élus du roi que ceux du collége lui-même, et qu'ils ne pourront, sans félonie, rompre l'accord auquel la nature même de leur mandat les assujettit envers la royauté.

Que, pour renverser notre raisonnement, on entasse, tant qu'on voudra sophisme sur sophisme, il n'en restera pas moins indubitable que des électeurs ne peuvent être reconnus comme tels par le roi, assemblés au nom du roi, et admis à prêter au roi serment de fidélité, afin que leurs suffrages ne donnent au roi que des rivaux de son pouvoir, que des adversaires de son gouvernement.

Ce que déclarent avec tant de force, et la formation des deux chambres et leur convocation, leur mode de discussion et les matières qu'elles discutent l'attestent avec non moins d'énergie; par ses ministres, qui sont ses représentans et les dépositaires de sa confiance, le roi assiste à ces discussions, il y prend part dans la personne de ses ministres, et par eux encore il les dirige, il les éclaire. Enfin, comme il a donné naissance à ces discussions en faisant présenter les projets de lois qui en sont la matière, il y peut mettre un terme en les retirant ou en proclamant la fin de la session. Ainsi se présentent trois nouvelles manifestations de l'influence royale sur les deux chambres, trois nouvelles preuves de l'accord auquel les deux chambres sont assujetties à l'égard de la royauté : la présentation des projets de lois par l'ordre du monarque, leur discussion à laquelle le monarque prend part dans la personne de ses ministres, et le retrait de ces projets de lois, effectué par le monarque, ou la fin de la session proclamée par lui.

Il est donc prouvé jusqu'à la dernière évidence que les deux assemblées parlementaires, par l'ordonnance qui les convoque, par la manière dont elles sont formées, par l'objet et le mode de leurs discussions, sont nécessitées à n'agir que collectivement avec le roi, et à dépendre constamment de lui seul; ajoutons, comme nous l'avons déjà prouvé, que la puissance législative ne leur a été concédée que partiellement; rappelons-nous enfin la puissance exécutive et la judiciaire, dont la délégation n'est point soumise à autant de nécessités ni frappée d'une si grande restriction, et convenons que le souverain n'a pas plus aliéné la puissance législative que les deux autres. Or, puisqu'au prince seul appartiennent encore ces trois grands élémens de la royauté, et que la charte, sur laquelle est fondée notre nouvelle monarchie, a été donnée et non pas subie par le prince, c'est donc lui qui, dans cette nouvelle monarchie, comme dans l'ancienne, *est la source de tout pouvoir politique et civil.* Mais continuerait-il de l'être si l'opposition réussissait à placer à la tête du gouvernement un ministère de son choix? C'est ce qui ne pourrait être affirmé sans la plus étrange aberration.

Il serait au contraire indubitable que dans les cas où réussiraient les projets de l'opposition, le prince, frappé d'une déchéance irrémédiable, verrait passer de ses mains dans celles de cette opposition les trois grandes puissances dont se compose la royauté.

La première qui lui échapperait, serait, sans contredit, la puissance exécutive. Par cela seul que des ministres surgiraient au pouvoir sans autre titre pour l'exercer que la confiance d'un parlement où l'opposition serait prédominante, ces ministres ne devraient plus être considérés comme ceux du roi, mais comme ceux de l'opposition. C'est à elle et non plus au roi que leurs actes devraient être rapportés; et, puisque le souverain n'exerce la puissance exécutive que par l'intervention ministérielle, il faudrait nécessairement que ce fût par cette intervention que l'opposition l'exerçât. Dès lors, quels troubles, quelle confusion, quel bouleversement dans nos institutions politiques! Toutes les pérogatives que la charte réserve à la royauté, l'opposition en ferait sa proie : c'est elle qui *déclarerait la guerre;* elle qui *concluerait les traités de paix, d'alliance ou de commerce,* elle qui *nommerait à tous les emplois de l'administration publique,* elle encore qui *ferait les règlemens et les ordonnances nécessaires pour l'exécution des lois et la sûreté de l'État.* (1) Dans ce vaste naufrage

(1) La charte, article 14.

de notre constitution, la puissance judiciaire ne tarde-
rait point à être enveloppée : *toute justice émanerait* de
l'opposition, *elle s'administrerait au nom* de l'opposition par *des juges* que l'opposition *nommerait, et qui seraient institués par elle* (1). Quant à la puissance législative, il est superflu de démontrer qu'elle aurait le sort
des deux autres : formation ou révision des listes électorales, réunion, serment, vote des électeurs, convocation et discussions des deux chambres, dissolution de
l'une d'elles, prorogation de toutes les deux, ouver-
ture et clôture des sessions, tout, en un mot, tout ce
que le roi exécute aujourd'hui par les ministres, ce serait
aussi par les ministres que l'exécuterait l'opposition.
Ainsi donc, à elle seule, et non plus au prince, serait
dévolue la royauté ; le gouvernement pourrait bien encore demeurer représentatif ; mais, tout ce qui est
en lui de monarchique, il l'aurait perdu pour jamais ;
trop heureux si, à cette perte, on n'avait point à ajouter
celle de la charte.

Eh! où trouver un homme d'État assez confiant pour
garantir qu'elle échappât à cet universel renversement
de tous les pouvoirs, lorsque ce renversement en aurait
rendu l'exécution, ou une dérision intolérable, ou un
problème véritablement insoluble?

Investie de l'autorité souveraine, l'opposition sanc-
tionnerait par ses ministres les projets de lois qu'elle se
serait votés par des chambres où elle dominerait. Qu'on
n'objecte point que la chambre des pairs se déroberait à
de si monstrueux envahissemens; par suite de ses usur-
pations prédédentes, l'opposition ne se trouverait-elle
pas maîtresse d'ouvrir à qui bon lui semblerait l'en-
ceinte de la chambre héréditaire? Ne pourrait-t-elle pas
ainsi en changer les dispositions? et y établir, non moins
que dans la chambre élective, son influence, ou plutôt
son despotisme? Tout plierait donc sous ses volontés ;
ce serait toujours à coup sûr qu'elle présenterait une loi;

(1) La charte, article 57.

elle en pourrait d'avance ordonner l'insertion au Bulle-
tin; et la sanction royale, que Mirabeau lui-même ré-
clamait avec une instance si énergique, comme un des
plus inexpugnables boulevards d'un gouvernement con-
stitutionnel, ne serait plus qu'une jonglerie parlementaire, une misérable parade, aussi déshonorante pour
les hommes d'État qui la joueraient, que pour le
peuple dont ils se figureraient par là surprendre la cré-
dulité.

Par son article 19, la charte permet aux chambres *de
supplier le roi de proposer une loi sur quelque objet que
ce soit*; mais, après les envahissemens de l'opposition,
à quoi servirait cet article? à mystifier les partisans
d'une constitution qui aurait cessé d'exister. Dominés
par l'opposition, les pairs et les députés, en sollicitant
une loi, ne seraient que les interprètes de ses pensées;
et, comme ce serait cette opposition qui règnerait véritablement, il s'ensuivrait de là que, pour satisfaire ses
désirs, pour étendre ses prérogatives, elle n'aurait qu'à
s'adresser à elle-même. Certes, ce serait grandement
simplifier la marche du gouvernement, et se donner
d'immenses facilités pour administrer aisément même
l'État le plus vaste. Mais ce moyen n'est pas nouveau, il
fut dans tous les siècles à l'usage de tous les tyrans; et,
s'il avait quelque résultat inconnu aux temps passés, ce
serait d'asservir la France à autant de despotes que l'opposition comprendrait d'individus.

En vertu de l'article 19 de notre loi fondamentale,
les ministres sont responsables; par l'article 55, la chambre élective a le droit de les accuser et de les traduire
devant la chambre des pairs, qui seule a celui de les ju-
ger. Si l'opposition réussissait dans ses desseins, rien au
monde ne serait plus impraticable que l'exécution de
ces deux articles, ou plutôt rien ne complèterait mieux
le système d'esclavage qu'on voudrait imposer à la France.
Mandataires de l'opposition, les ministres ne devraient
reculer devant aucun de ses caprices; il faudrait qu'ils

se résignassent à être les aveugles instrumens de ses plus
injustes volontés, ou bien à être répudiés par l'opposition, traduits par elle à son propre tribunal, où elle
remplirait tout à la fois le rôle d'accusatrice et de juge.
Quelle garantie resterait-il alors aux accusés pour l'im-
partialité de ce tribunal? et quels seraient les hommes
qui, placés dans une si terrible alternative, oseraient
s'attirer la haine et provoquer les arrêts d'une cour investie d'un tel pouvoir? Certes, pour résister à une
épreuve aussi formidable, à peine suffirait-il du dévouement et de la plus héroïque vertu; et encore serait-il
bien probable qu'elle en sortît toujours victorieuse? Des
considérations de famille ou de position sociale n'influe-
raient-elles pas puissamment sur ses déterminations? ne
ne feraient-elles pas infailliblement succomber même
l'esprit le plus indépendant, l'âme la plus élevée, la con-
science la plus rigide? Si telle était la faiblesse des
hommes les plus courageux, que faudrait-il donc atten-
dre de ces cœurs pusillanimes que la moindre apparence
du danger range toujours du côté du plus fort, et pour
qui une honorable infortune a eu constamment bien
moins d'attraits que de terreurs? Ils s'empresseraient assurément de se constituer les licteurs de cette nouvelle
dictature; dictature effroyable, plus féconde elle seule
en calamités que toutes les tyrannies ensemble, et près
de laquelle les excès des despotes les plus cruels ne sem-
bleraient plus que le résultat d'une administration toute
paternelle.

Voilà donc le sort que réserve à la France une faction
qui s'arroge la défense exclusive de nos libertés, et qui,
sous prétexte de les maintenir, n'a pas craint de décla-
rer en face à son souverain qu'elle ne pouvait marcher
avec lui? Vous tous qu'elle a fascinés ou séduits, voyez
quelle doit être l'inévitable conséquence de son système:
la destruction de l'autorité monarchique, la destruction
de la charte; et, entre ces deux grandes ruines, le
triomphe de l'opposition, ou plutôt son épouvantable

tyrannie. Et qu'on s'étonne, après cela, que le monarque ait refusé son assentiment à d'aussi audacieuses prétentions; que ceux qui les ont fait éclater s'indignent d'entendre dire que le roi *ne doit point et ne peut point y céder;* qu'ils reprochent aux feuilles royalistes d'avoir soutenu par cette assertion qu'il y a lutte entre eux et la royauté! Ni leur étonnement, ni leur indignation, ni leurs reproches ne feront impression sur personne; et, s'ils ne veulent point qu'il y ait *lutte,* nous répondrons qu'il y a guerre, guerre flagrante, guerre à mort entre la monarchie et le libéralisme, puisque celui-ci ne peut triompher sans que celle-là périsse. C'est ce qui est démontré par la rapide discussion que nous venons d'établir. Prétendre que dans un tel état de choses le monarque *doit céder,* c'est dire qu'il doit, de ses propres mains, détruire son trône, dont la chute entraînerait nécessairement celle de toutes nos libertés; et soutenir qu'il *peut céder,* n'est-ce point, par une conséquence inévitable, vouloir qu'il puisse violer ses sermens, en consentant de faire, aux caprices d'une faction, le sacrifice de ces mêmes libertés?

Insulté par un de ses voisins, l'un de nos plus grands princes (1) lui disait avec une noble fierté, caractère distinctif de notre maison royale: « Le royaume de » France n'est mie encore si foible, qu'il se laisse me» ner, ne fouler à vos esperons. » Cette force, dont s'enorgueillissait alors notre patrie, ne fait-elle pas encore aujourd'hui son orgueil? C'est de la royauté qu'elle lui vient; et si la royauté en est la source, pourrait-elle jamais en être privée? L'opposition en avait osé concevoir l'espérance; dans un insolent délire, elle s'était flattée d'anéantir les prérogatives royales; et, avec ces prérogatives, notre prospérité et nos institutions. Mais, émané du trône, un démenti solennel vient de frapper à mort son espoir; le monarque, *dont notre prospérité*

(1) Saint Louis à l'empereur Frédéric.

fait la gloire, et qui dans notre bonheur trouve le sien (1), a vu le péril où les entreprises de l'opposition mettaient notre bonheur et nos libertés. *Au moment où les colléges électoraux vont s'ouvrir sur tous les points du royaume* (2), il a fait entendre aux Français sa voix auguste ; il leur a rappelé leurs devoirs, et leur fidélité se signalera en secondant de leurs votes et de leur dévouement un prince dont les efforts n'ont jamais eu d'autre but que *de maintenir la charte constitutionnelle et les institutions qu'elle a fondées* (3). Mais convaincus que ni ces institutions ni cette charte n'auront de stabilité sans *le libre exercice*, sans *le respect des droits sacrés qui sont l'apanage de la couronne*, ils maintiendront les unes en défendant les autres, et par là ils s'assureront irrévocablement *la seule garantie qu'aient le repos public et leurs libertés ;* en empêchant que *de coupables atteintes n'affaiblissent les prérogatives royales, ils préserveront de toute altération la nature d'un gouvernement à l'abri duquel la France, devenue florissante et libre*, jouit de *ses franchises*, voit *son crédit s'étendre et son industrie se développer* (4). Ainsi répondront-ils à l'appel de leur souverain ; ainsi lui prouveront-ils que, rassurés dans leurs droits, ils les jugent en sûreté, puisque leur souverain a promis *de les confondre avec les siens et de les protéger avec une égale sollicitude* (5). Enfin, si quelques craintes devaient subsister encore, qu'elles ne soient le partage que de *ces ennemis de notre repos*, *dont le langage insidieux*, *en semant d'indignes soupçons*, *cherche à ébranler la confiance publique* (6). Tels sont les heureux résultats qu'obtiendront

(1) Paroles de la proclamation royale du 13 juin 1830.
(2) *Idem·*
(3) *Idem.*
(4) *Idem.*
(5) *Idem.*
(6) *Idem.*

et l'*immuable résolution du monarque* et le fidèle concours des sujets; contre cette ligue sacrée jamais ne prévaudront d'éternels propagateurs d'appréhensions séditieuses; et moins ébranlée qu'aguerrie par cette dernière tourmente, la France n'en continuera qu'avec plus de calme et de sûreté à tendre vers les fortunés et glorieux destins que réservent à sa loyauté l'amour et la sagesse de son roi.

ALPH. FRESSE-MONTVAL.

IMPRIMERIE DE LACHEVARDIERE,

RUE DU COLOMBIER, Nº 30.

www.ingramcontent.com/pod-product-compliance
Lightning Source LLC
Chambersburg PA
CBHW061456050726
47593CB00004B/1647